# Inhalt

## IT-Hardware - Wird UDI der neue Standard für Videoschnittstellen?

Kernthesen

Beitrag

Fallbeispiele

Weiterführende Literatur

Impressum

GENIOS WirtschaftsWissen Nr. 05/2006 vom 29.05.2006

# IT-Hardware - Wird UDI der neue Standard für Videoschnittstellen?

M. Westphal

## Kernthesen

- Die Bedeutung der Übertragung digitaler hochauflösender Inhalte auf Fernseh- und Computer-Monitore nimmt zu.
- Aktuell gibt es mit DVI und HDMI zwei digitale Schnittstellen, die die Übertragung hochauflösender Inhalte erlauben.
- Die Konvergenz des Home Entertainment mit dem PC-Markt nimmt zu, weshalb die Hersteller versuchen, mit der UDI-Schnittstelle einen neuen und einzigen Standard zu etablieren.

# Beitrag

Für die Übermittlung hochauflösender Inhalte hat sich im Home-Entertainment-Bereich HDMI als Schnittstelle für die HD-Displays etabliert. Diese HDMI-Schnittstelle ist im PC-Bereich aber kaum praktikabel, hier ist DVI vorherrschend. Namhafte Firmen möchten jetzt beide Standards vereinigen und entwickeln daher ein einheitliches Interface mit dem Namen UDI (Universal Display Interface). (1)

# Digitale Schnittstellen setzen sich durch

Die Standardschnittstelle der günstigen PCs ist zwar immer noch der VGA-Anschluss. (5)
Im PC-Bereich ist allerdings mit der Einführung der DVI-Schnittstelle der Wechsel der IT-Hersteller von der analogen VGA- zur DVI-Schnittstelle vollzogen und setzt sich immer stärker durch. Denn DVI unterstützt beide Standards, analog wie digital. Allerdings hat DVI ähnlich wie VGA ein wesentliches Manko, welches in der fehlenden Audio-Unterstützung liegt. Die Auflösung, welche die DVI-Schnittstelle verarbeiten kann, liegt im Single-Link bei maximal 1 600 x 1 200 Pixel und im Dual-Link bei 2

560 x 1 920 Pixel. (1)

DVI bildete auch die Basis für die praktikable Lösung, die für den Heimbereich entwickelt wurde, nämlich HDMI. HDMI-Schnittstellen übertragen ausschließlich digitale hochauflösende Video- und Audiodaten mit hoher Bandbreite zwischen Abspiel- und Wiedergabegerät. HDMI-Schnittstellen ermöglichen darüber hinaus die Realisierung des HDTV-Fernsehstandards. HDMI ist außerdem auch für das Kopierschutzverfahren HDCP (High Definition Content Protection) geeignet. Allerdings erfährt HDMI auf Seite der PC-Hardware kaum Unterstützung. Zwar gibt es inzwischen einige wenige Grafikkarten, die HDMI unterstützen, aber in der Breite wird sich dieser Standard aufgrund der Kosten wohl nie durchsetzen. (1)

Jetzt soll DVI und HDMI durch die neueste Schnittstellengeneration UDI (Unified Display Interface) abgelöst werden. Eine Special Interest Group (SIG) unter der Federführung von Intel entwickelt dieses neue Interface, welches aber in ersten Geräten nicht vor 2007 auf den Markt kommen wird. (1)

**Im Home-Entertainment-Bereich**

# gewinnt die HDMI-Schnittstelle zunehmend an Bedeutung

Auch der Heimbereich arbeitet vor allem noch mit analogen Schnittstellen wie S-Video und SCART. Der im PC-Bereich schon seit längerem etablierte DVI-Standard konnte sich im Heimbereich nie wirklich durchsetzen, was unter anderem auch an der fehlenden Audio-Unterstützung lag. Daher gewinnt gemäß den Analysen von Instat HDMI im Heim-Bereich gegenüber DVI immer mehr an Bedeutung. (1)

Die HDMI-Spezifikation Version 1.2a liegt seit Dezember 2005 vor. Letztendlich ist HDMI eine Weiterentwicklung von DVI mit dem einzigen Unterschied, dass HDMI auch Audiodaten überträgt. Ein weiterer Bestandteil von HDMI gegenüber DVI ist die Fähigkeit, High Definition Content Protection (HDCP) verarbeiten zu können. Video- und Audiodaten können dank HDCP über die HDMI-Schnittstelle nicht ausgelesen und damit dann unerlaubt zu Kopierzwecken bereitgestellt werden. (1) HDMI wurde entwickelt von Unternehmen wie Hitachi, Philips, Silicon Image, Sony und Toshiba. (1) Der HDMI-Anschluss verfügt optional über einen Consumer-Electronics-Control-Kanal (CEC). Dieser ermöglicht die Übertragung elementarer

Kontrollfunktionen via Fernbedienung wie Play und Pause zu allen angeschlossenen Geräten. (1)

Die Spezifikationen von HDMI beinhalten zwei unterschiedliche Steckervarianten. So gibt es einen Typ A-Stecker mit 19 Pins, der nur einen Single Link schafft und es gibt den Typ B-Stecker, der einen Dual Link und damit Auflösungen jenseits von 1 920 x 1 200 ermöglicht. (1)
Das HDMI-Konsortium hat Anfang 2006 angekündigt, in der nächsten HDMI-Revision die Bandbreite der Schnittstelle zu erhöhen. (1)
Außerdem soll der HDMI-Anschluss verkleinert werden. (1), (4)

## Die UDI-Schnittstelle soll die Vielzahl der Schnittstellen begrenzen

PC- und Home-Entertainment-Sektor wachsen immer mehr zusammen. Daher kann und will die Industrie sich mit HDMI und DVI nicht zwei unterschiedliche Interfaces leisten. Außerdem wachsen die Anforderungen an Bild- und Tonqualität durch HDTV weiterhin an, weshalb DVI wie auch HDMI diesen Anforderungen bald nicht mehr

gewachsen sein könnten. (1)
Aus diesem Dilemma soll der UDI-Anschluss, der sowohl zu DVI als auch HDMI abwärtskompatibel ist und höhere Übertragungsbandbreiten ermöglichen soll, heraushelfen. Außerdem sollen definierte Stecker einfacher in der Bedienung sein, die Lizenzkosten werden deutlich geringer sein. (1), (5)

Ende 2005 formierten sich namhafte IT-Hersteller wie Samsung, Apple, LG, National Semiconductor, Silicon Image, Thine, Foxconn, JAE und NVIDIA unter Leitung von Intel, um mit dem Unified Display Interface (UDI) dem HDMI-Konsortium etwas Adäquates entgegenzusetzen. Im Frühjahr 2006 wurden auf dem Intel Developer Forum erste spärliche Informationen zu UDI präsentiert. (1), (3), (4), (5)

UDI wird selbstverständlich abwärtskompatibel zu DVI und HDMI sein und auch den Kopierschutz HDCP integrieren. Aber im Gegensatz zu den hohen Lizenzgebühren für HDMI, die großenteils an Silicon Image fließen (und die die Endgeräte nicht unerheblich verteuern), sollen diese für UDI sehr gering sein. (1) (4) Das soll mit ein Hebel sein, die Akzeptanz dieser Schnittstelle bei vielen Herstellern zu erhöhen. Und die Haupt-USP der UDI-Schnittstelle besteht darin, dass sie ein einheitliches Interface für Consumer-Elektronik-Geräte wie auch

für PCs darstellt. (1), (5)
Die bisher vorliegenden Spezifikationen liegen in einer unveröffentlichten Draft-Version 0.8 vor, wobei die finale Version 1.0 bis Ende September 2006 vorliegen soll. (1)

Die UDI-Sendequelle wie z. B. der PC besitzt einen so genannten U(T)-Anschluss. Das Display oder auch der HDMI-fähige Fernseher besitzen einen Anschluss vom Typ U(R), um so bei der Installation Verwechslungen vorzubeugen. Weitere Vorteile der UDI-Schnittstelle liegen laut Intel in der sehr kompakten Bauform, den hohen Übertragungsraten bei geringen Signal-Interferenzen und einem verbesserten Schutz gegen elektromagnetische Interferenzen (EMI). Außerdem besitzt UDI eine zusätzliche Spannungsleitung, um Fremdgeräte zu versorgen. (1)

Der UDI-Standard ist nicht mit dem zum Mitte 2005 als lizenzgünstige Alternative zu HDMI/DVI vorgestellten VESA-Standard der Anbieter ATI, Dell, Genesis Microchip, HP, Molex, Philips, Samsung und Tyco verwandt. Das so genannte DisplayPort-Protokoll ist komplett anders aufgebaut als die UDI-Spezifikation. (4)

# Wozu braucht der Markt UDI, wenn es mit HDMI doch schon eine gute Schnittstelle gibt?

Mit DVI und HDMI bestehen bereits Schnittstellen für digitale Inhalte, also wäre eigentlich kein Bedarf vorhanden. Dem UDI-Konsortium geht es aber darum, auch günstige PCs mit einfacher Grafiktechnologie in die Lage zu versetzen, HD-Inhalte an Fernseher oder Monitore auszugeben. (5)

Allerdings verfügen absolute Billig-PCs nicht über die Rechenkraft, HD-Inhalte überhaupt ausgeben zu können, weshalb sich der Sinn dieser neuen Schnittstelle nicht jedem erschließt. Und die "kraftvolleren" PCs sind bereits heute alle mit einer DVI-Schnittstelle ausgestattet. (5)

Und die technologische Begründung im Hinblick auf mangelnde Bandbreiten für zukünftige Anforderungen ist auch nur bedingt nachvollziehbar, denn auch HDMI kann technologisch noch weiter entwickelt werden. So sucht die UDI SIG händeringend nach weiteren neuen Partnern, um die zukünftige Marktdurchdringung von Produkten mit einem UDI-Anschluss zu erhöhen. (1)

## Fallbeispiele

Toshiba hat auf der diesjährigen CES in Las Vegas seine Qosmio-Laptops vorgestellt, deren Displays eine Auflösung von 1 920 x 1 080 Bildpunkten verarbeiten können. Dafür sind sie dann zusätzlich auch mit einer HDMI-Schnittstelle ausgerüstet. (3)

Mit welchen Grafikkarten Kunden die geschützten Filme in HD-Qualität anschauen sollen, ist bisher ungelöst, denn kein Anbieter hat ein Modell mit einem HDMI- oder HDCP-fähigen DVI-Anschluss angekündigt, auch wenn ATIs X1 000-GPU dieses eigentlich können sollte. (3)

Derzeit sieht es so aus, dass nur spezielle OEM-Karten für Komplett-PCs ihr Ausgabesignal via HDCP verschlüsseln können. Pioneer steht deshalb derzeit wohl mit NVIDIA in Verhandlungen wegen entsprechend ausgerüsteter Karten. Neben dem von Toshiba auf der CES vorgestellten Modell haben auch Asus und Dell auf der CES entsprechende Prototypen vorgestellt. (3)
Denn über ungeschützte Schnittstellen wie VGA oder DVI werden die Filme lediglich in Standardauflösung

gezeigt, die dann entsprechend hochskaliert werden. (3)

Liesegang hat einen neuen DLP-Projektor in der 3 000-Euro Klasse vorgestellt, der neben Features wie Lens-Shift auch über einen DVI-Eingang verfügt, über den er digitale Signale empfängt. Ebenso wird die Kopiersperre HDCP unterstützt. (4)

Die Oehlbach GmbH bietet einen HDMI-Umschalter an, der das kostenbedingte Manko vieler Displays, die nur mit einem HDMI-Eingang ausgestattet sind, löst. So können zwei bzw. vier HDMI-Quellen angelegt werden, per Automatik-Modus wählt der Schalter die Quelle, an der Signal anliegt. Die maximale Auflösung beträt 1 080p, weshalb dieser Umschalter uneingeschränkt HDTV-fähig ist. (4)

## Weiterführende Literatur

(1) DVI und HDMI ade - UDI soll neue Video-Schnittstelle werden
aus tecChannel.de Online, Meldung vom 26.04.2006

(2) DVI und HDMI ade - UDI soll neue Video-Schnittstelle werden
aus tecChannel.de Online, Meldung vom 26.04.2006

(3) Endspurt der HD DVD und Blu-ray Disc

aus c't - Magazin für Computertechnik, 3/2006, S. 42

(4) UDI in Sicht
aus c't - Magazin für Computertechnik, 2/2006, S. 33

(5) Intel, Apple & Co. wollen neue Videoschnittstelle entwickeln
aus PC-Welt, Meldung vom 23.12.2005

# Impressum

## IT-Hardware - Wird UDI der neue Standard für Videoschnittstellen?

**Bibliografische Information der deutschen Nationalbibliothek**

Die Deutsche Nationalbibliothek verzeichnet diese Publikation in der deutschen Nationalbibliografie; detaillierte bibliografische Daten sind im Internet über http://dnb.d-nb.de abrufbar.

ISBN: 978-3-7379-0316-5

© 2015 GBI-Genios Deutsche Wirtschaftsdatenbank GmbH, Freischützstraße 96, 81927 München, www.genios.de

Alle Rechte vorbehalten. Dieses Werk ist einschließlich aller seiner Teile – z.B. Texte, Tabellen und Grafiken - urheberrechtlich geschützt. Jede Verwertung außerhalb der Grenzen des Urheberrechtsgesetzes bedarf der vorherigen Zustimmung des Verlags. Dies gilt insbesondere auch für auszugsweise Nachdrucke, fotomechanische Vervielfältigungen (Fotokopie/Mikroskopie), Übersetzungen, Auswertungen durch Datenbanken oder ähnliche Einrichtungen und die Einspeicherung und Verarbeitung in elektronischen Systemen.